1枚あれば
コーデの幅が広がる!

スカーフ、ストール、マフラーの巻き方

監修
鈴木香穂里
一般社団法人国際スタイリング
カウンセラー協会

はじめに

「手持ちの服がシンプルな服ばかりで、毎日似たファッションになってしまう」「白、紺、グレーの服ばかりで、見ばえがしない」「クローゼットがいっぱいだから、服はふやしたくないけどおしゃれがしたい」「素材のいい服を長く着ているけど、さすがにコーデがマンネリ気味に…」というお悩みを持っている人はいませんか。

　以上のようなお悩みも、スカーフやストールを上手に使えば解決できます！シンプルな服やモノトーンの服と相性のよい、華やかなスカーフをとり入れれば、ハッとするようなコーディネートが可能になります。

　また、服の数をふやしたくないけどおしゃれしたい、と考えている人にもスカーフやストールはおすすめです。マルチパターンのストールが1枚あれば、巻き方しだいで、毎日違うコーディネートに見せることができるからです。

　スカーフやストールを新しく買うとき、少し地味なものを選びがちですが、思いきって色とりどりのものに挑戦してみてもいいのではないでしょうか。そのときは、いつも自分が着ている服の色（たとえば、ベージュやグレー、白など）が1色は入っているものを選ぶと、コーディネートがしやすくなります。

　お気に入りの1枚ができたら、長く使うために、使用後は必ず干して湿気をとばしてから収納しましょう。また折り方や結び方を変えると、生地は傷みにくくなります。

　この本を読んで、スカーフやストールのさまざまな巻き方を身につけて、おしゃれに役立てていただければ幸いです。

1枚あればコーデの幅が広がる！
スカーフ、ストール、マフラーの巻き方

Contents

Prologue スカーフの基本

Part 1 プチスカーフの巻き方

Part 2 大判スカーフの巻き方

Part 3 ロングスカーフの巻き方

Part 4 ストール&マフラーの巻き方

Column

※本書に記載した情報は2021年9月7日時点のものです。

※本書の中の「コーデ」と「コーディネート」は、
　洋服やファッション小物の組み合わせ方を意味しています。

この本の使い方

スカーフ、ストール、マフラーをサイズや用途で4種類に分け、
それぞれ代表的な巻き方（結び方）を解説しています。
また、その巻き方に合う、おすすめのトップスのネックラインも紹介。
さらにその巻き方のアレンジ方法も掲載しています。

巻き方（結び方）の名前
基本の巻き方や結び方、折り方
をもとにした名前。

巻き方（結び方）のプロセス
イラストと文章で巻き方（結び方）を解説。初心者は、
文章だけ、イラストだけで巻くのではなく、イラス
トを見ながら文章を読んで巻いてみてください。
Pointはきれいに見せるためのコツを紹介。

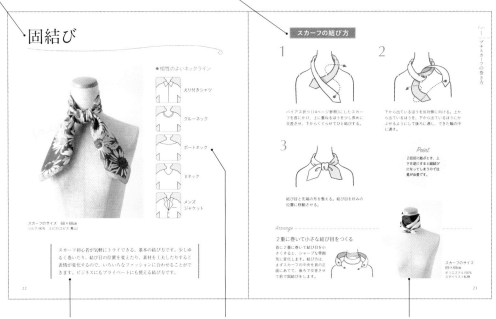

この巻き方（結び方）について解説
この巻き方（結び方）のポイントやコツ、
おすすめの色柄や素材、コーディネー
トのポイントなどを説明。

**相性のよい
ネックライン**
この結び方に合うネック
ラインの種類。

左ページのアレンジ
左ページに大きく載っている巻き
方のアレンジ法を紹介。基本をマ
スターし、別の表現方法をしたく
なったらチャレンジを。

※巻き方（結び方）が、同じ名前でもスカーフやストールのサイズで、巻き方のプロセスが変わっている場合もあります。
※肌が敏感な方は素材を確認しましょう。また、長く先端をたらしているときは、
　エレベーターや自動ドアなどにはさまれないように気をつけましょう。

スカーフの基本

折り方や巻き方で、違う布に見えるスカーフやストール。
シンプルな服でもスカーフかストールを持っていれば、
アイデアしだいでパッと華やかになります。
使ったことのない人は、どれを買えばいいのか、迷ってしまいます。
ここではスカーフとストールの基本について説明します。
初心者の人は参考にしてぜひお気に入りの1枚を手に入れてください。

スカーフの形とサイズ

スカーフには、主に正方形と長方形があり、サイズもいろいろ種類があります。
正方形のサイズは、プチと大判に分かれています。
形とサイズで、できる結び方が変わるわけですが、正方形の大判だと結び方の種類が多いです。
ただし、大判を折るのはプチよりも手間がかかります。
それぞれの特性をとらえて、自分に合うものを探しましょう。

●大判
88×88㎝

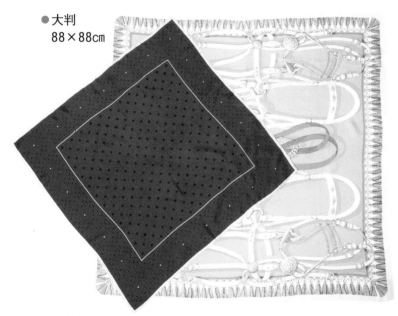

●プチ　65×65㎝

正方形

正方形のスカーフは、広い面を生かした巻き方と細く折って帯状にした巻き方ができるので、さまざまなスタイルを表現できる便利なアイテムです。サイズは大きく2種類に分けられ、プチスカーフと呼ばれる58×58㎝前後のスカーフと、大判スカーフと呼ばれる88×88㎝前後のものがあります。最近はプチと大判の中間にあたる70×70㎝サイズ、110×110㎝のビッグサイズなども多く登場しています。

同じ結び方でも
サイズによって印象は変わる

たとえば、同じリボン結びでもプチスカーフと大判スカーフで印象は違います。プチスカーフはリボンの輪と先端のボリュームをおさえることができるので、ふだんづかいにもおすすめです。大判だとリボンの輪がぐんと大きくなり、華やかになります。顔の近くに大きなリボンがあると、全身よりも顔に注目が集まりやすくなります。

長方形

● 34×167cm

長方形のスカーフはロングスカーフといわれています。正方形スカーフと同様に、プリーツ折り、ツイストにして使えます。折り方を工夫しなくてもＩラインができるので、全身をスタイルアップして見せたいときに役立ちます。また、パーティーシーンではシフォンなどの軽い素材を使ったロングスカーフがあると、華やかさをプラスできるのでおすすめです。

その他

先端がとがった剣先タイプやひし形のスカーフは、首にひと巻きするだけでもおしゃれに見えるので便利なアイテムです。また最近では、プリーツ状のもの、バッグに巻く専用のもの、すでにリボンの形ができ上がっているスカーフもあり、初心者でもトライしやすい形がふえています。

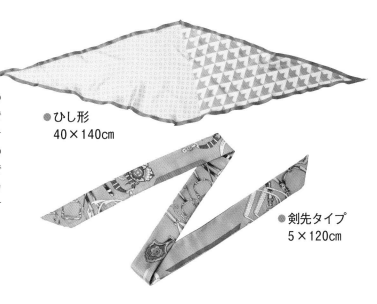

● ひし形
40×140cm

● 剣先タイプ
5×120cm

スカーフの主な形とサイズ

プチスカーフ	大判スカーフ	ロングスカーフ
53×53cm	78×78cm	横25〜33cm×縦130cm
55×55cm（中心サイズ）	88×88cm（中心サイズ）	横25〜53cm×縦160cm
58×58cm	90×90cm	横35〜60cm×縦200cm
65×65cm	102×102cm	

スカーフとストール、マフラーの素材

スカーフやストールの印象は、素材によって大きく異なります。
スカーフの定番素材といえば絹（シルク）ですが、
最近はしっとりとした肌触りや風合いを楽しめる混紡もふえています。
また長時間、首元に巻くこともあるので、自分の肌質に合ったものを選びましょう。

絹（シルク）

スカーフ素材の代表格である絹（シルク）。しなやかで、静電気が起きにくく、保温性や保湿性、吸湿性も高い。上品な光沢を放ち、きれいなドレープが寄るので、フォーマルなシーンにふさわしい素材です。家庭で洗濯できるものもありますが、基本的にはクリーニングに出しましょう。虫に食われやすいので、保管時は防虫剤などを使用しましょう。

綿（コットン）

肌ざわりがよく、汗の吸いとりがよい綿（コットン）は春夏のおしゃれにぴったり。インド綿のエスニックなストールやバンダナなどは、カジュアルな着こなしに合わせやすいです。シワになりやすいので、シワが気にならないデザインを選ぶのもアイデア。色が落ちやすい草木染め以外は、自宅でも洗濯できます。

混紡

２種類以上の素材を１本の糸にしたものを混紡といいます。また、経糸緯糸が違う種類の糸で織られたものもあります。ひとつの素材だけでは出せない、独特の風合いの生地をつくることができます。

毛（ウール）

羊毛のことをウール（毛）といいますが、広い意味では羊以外の獣毛も毛と表示されます。主にストールやマフラーに使われていますが、ウールのスカーフもあります。家庭で洗濯できますが、縮みやすく、毛玉ができやすいので、やさしく洗いましょう。カシミヤ、パシュミナ、モヘア、アルパカなどは風合いを損なわないように、クリーニングに出しましょう。

モヘア

アンゴラ山羊の毛のこと。吸湿性やハリがあり、美しいツヤが特徴。風合いを生かすため、羊毛と混紡されることがあります。

カシミヤ

インド、パキスタンのカシュミール地方に生息するカシミヤ山羊の毛のこと。カシミヤの繊維は非常に細く、やわらかい毛で、触るとしっとりした感じが特徴。保湿性に優れた高級素材です。

パシュミナ

ヒマラヤ山脈の高度4000m以上に生息するカシミヤ山羊などの上質な毛のことを指します。カシミヤより軽くやわらかいのが特徴。

アルパカ

ペルーなどの高度3000m以上に生息するラクダ科の動物の毛。なめらかな手ざわりと絹のような光沢が特徴。白やベージュ、マロン色など、自然の色を生かして使われることが多い素材です。

化学繊維

ポリエステル、アクリル、ナイロンなどの化学繊維は、比較的リーズナブルなスカーフとして普及しています。ハッキリと色が出て、きれいな発色のスカーフが多いです。最近は、シワになりにくいものや、汗じみができにくいもの、ＵＶカット機能があるものなど、いろいろな機能がついているタイプが登場しています。

麻

真夏のファッションにも使われる麻は、サラリとした手ざわりで、冷房対策に重宝する素材です。リネンやラミーなど、さまざまな種類があり、やわらかな光沢があります。シワになりやすいので、使用後はすぐに手入れをしましょう。

スカーフ&ストールの織り

生地は、基本的に経糸と緯糸を上下に交差させて織っています。
織り方には、基本的に、平織り、綾織り、繻子織りの3種類があります。
織り方によって風合いが変わるので、季節や好みに合わせて選びましょう。

平織り

平織りは、経糸1本と緯糸1本を交互に交差させてつくられた、もっとも単純な織り方です。糸の交差が多いので、摩擦に強くて丈夫な生地になります。

シフォン
薄く透明感のある織物。軽やかさがあり、ドレープがきれいに出るので、パーティーシーンにおすすめです。

ローン
透け感のある、薄くてなめらかな織物。リネンや綿などでつくられ、夏のブラウスなどにも使われます。透けているため、生地が重なると表情が変化します。

デシン
表面に細かいシボがあり、とろみのある肌ざわりがポイントです。品のいい光沢感があり、エレガントなイメージを表現しやすいです。

シャンブレー
経糸に色糸、緯糸に白糸を使った織物で、霜降り状に見えます。均一な印象にならず、独特な風合いがあります。

ゴーズ
ざっくりとした絽や紗のような織物で、軽く、透け感があり、サラリとした風合いが特徴です。シワになりにくいのでカジュアルシーンにおすすめ。

ジョーゼット
軽くて薄く、透け感のある織物。シボがあり、光沢はあまりありません。シワになりにくく、ドレープ性が高いです。

綾織り

経糸と緯糸の交点が斜めに走る織り方です。生地の表面に斜めのうねが見えるのが特徴です。しなやかで光沢を帯びた生地に仕上がります。

ツイル
綾織りで織ったものをツイルと呼びます。斜めの織り方が出るのが特徴。華やかな光沢とハリ感があり、正方形スカーフの定番。

繻子織り

経糸または緯糸が長く飛んで交点が少ない織り方です。表面がなめらかでやわらかく、光沢のある生地になります。

サテン
繻子織りで織ったものをサテンと呼びます。なめらかですべりがよく、つややかな光沢感があります。

混合

数種類の織り方を組み合わせた織り方もあります。

ジャカード織り

数種類の色糸や織り方を組み合わせて模様を浮きたたせる織り方。複雑な模様ができます。

スカーフの柄

スカーフの柄は多種多様ですが、
正方形の場合は縁どりがあるデザインが多いです。
1枚の絵のようなものもあり、
額縁に入れて部屋に飾る人もいます。

馬具柄

ペイズリー柄

花柄

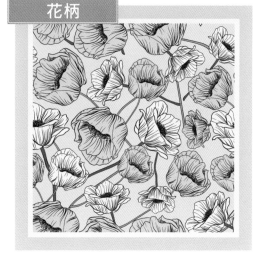

幾何学柄

上記以外には、水玉やストライプ、チェックなどがよくデザインされる柄です。ほかにも、植物の柄、カギやタッセルなどのモチーフ柄、ヒョウやフラミンゴなどの動物柄、宝石柄、船や気球などの乗り物の柄、建築物柄、ブランドロゴが散らばっている柄など、さまざまな柄があります。複雑な柄のスカーフでも折って結ぶと違った表情に見えるので、単色やシンプルなものだけでなく、いろいろな柄に挑戦してみましょう。

基本の折り方

バイアス折り

正方形のスカーフを使って折ります。
長さが出て、扱いやすい折り方です。

Arrange

正方形のスカーフを使って折ります。でき上がりは
（左の3）少し細くなる。バイアス折りはいろいろな
折り方があるが、この本ではここに紹介する2種類
で折っている。好みの幅になればどちらでもOK。

1

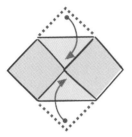

スカーフの裏が見えるように広げ、上下の角を中
心に向けて折る。折った部分は見えなくなるので、
出したい柄は左右のはしになるようにする。

2

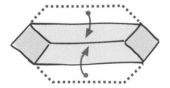

上下を中心に向けて、それぞれもう1回折る。

3

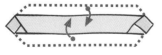

3分の1に折る。

4

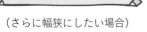

（さらに幅狭にしたい場合）
もう1回、3分の1に折る。

1

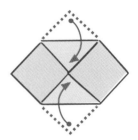

スカーフの裏が見えるように広げ、上下の角を中
心に向けて折る。折った部分は見えなくなるので、
出したい柄は左右のはしになるようにする。

2

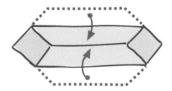

上下を中心に向けて、それぞれもう1回折る。

3

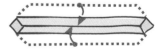

上下を中心に向けて、それぞれもう1回折る。

4

3分の1に折る。

首や肩に結ぶ前に、形が決まりやすいように、スカーフを折っておきます。
さまざまな折り方がありますが、ここではバイアス折り、三角折り、
ツイスト、長方形折り、プリーツ折りを紹介します。
三角折り以外は、完成したときの幅が決まるので、自分好みの太さに折りましょう。

三角折り

正方形のスカーフやストールを使って折ります。
スカーフの面積が広く出るので、柄そのものを
生かしたいときに。

1

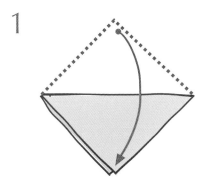

スカーフの裏が見えるように広げ、
対角線で半分に折る。

2

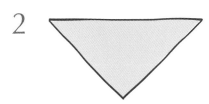

首に巻くときに、裏にするほうの角
をほんの少し内側にずらしておく。

ツイスト

正方形と長方形の布に使える折り方。でき上が
りは細いラインになります。テーブルなど、布
を広げる場所がないときに便利です。

長方形の場合

半分か3分の1に折ってから、両は
しを持ってねじる。対角線で折って
からねじる方法もある。

正方形の場合

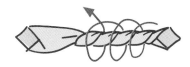

バイアス折り（左ページ参照）にした
スカーフの両はしを持ってねじる。
太さに偏りが出ないよう、ねじる強
さは均等にする。

基本の折り方

長方形折り

正方形と長方形の布(スカーフ、ストール、マフラー)
に使える折り方です。ロングスカーフやロングスト
ールはこの折り方を使う場合が多いです。

2つ折り

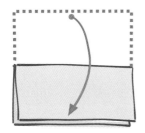

裏が見えるように広げて、半分に折る。

3つ折り

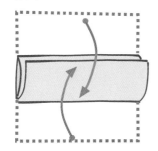

裏が見えるように広げて、3分の1に
折る。

4つ折り・8つ折り

1
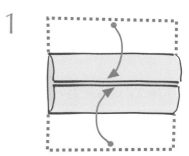

裏が見えるように広げ、上下の辺を中
央に向けて折る。

2
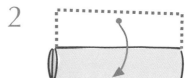

中央で半分に折る。4つ折りの完成。

3

さらに半分に折る。8つ折りの完成。

プリーツ折り

正方形と長方形の布（スカーフ、ストール）に使える折り方です。この折り方で結ぶと、華やかなスタイルになります。

1

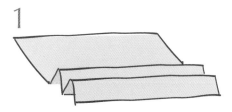

表が見えるように広げ、はしから4〜5cmの幅で蛇腹に折る（左右に引っぱりながら、4〜5cmずつ、つまんでいく）。

2

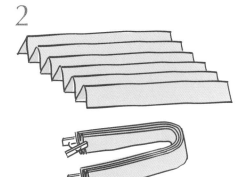

最後は上面・下面どちらも、表が見えるようにたたむ。両はしをピンチなどでとめる。

Arrange アレンジ

正方形のスカーフ、ストールに使える折り方です。この折り方で結ぶと、フェミニンなスタイルになります。

1

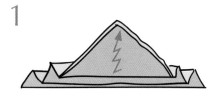

三角折り（15ページ参照）にする。底辺側からプリーツ折りにする。

2

最後の折り返しは、プリーツをくるむように底辺側に折り返し、ピンチでとめる。

基本の結び方6

スカーフのサイズ
88×88cm
シルク100%
フラトリエ
(オーロラ株式会社)

ひと結び

1
片方を少し長めに首にか
け、長いほうを上にして
交差させ、短いほうの下
からくぐらせてひと結び
する。

2
形を整える。

固結び

1
スカーフを首にかけ、上
に重ねるほうを少し長め
に交差させ、下からくぐ
らせてひと結びする。

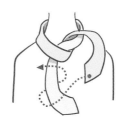

2
下から出ているほうの先
端を反対側に向ける。上
から出ているほうを、下
から出ているほうにかぶ
せるようにして後ろに通
し、できた輪の中に通す。

3
結び目と先端の形を整え
る。結び目を好みの位置
に移動させる。

ここでは、スカーフの基本の結び方6種を紹介します。結び目の位置を変えたり、
たれている部分の長短を変えたりするだけで、違う印象を与えることができます。
参考の写真は、すべて長辺がもっとも長くなるバイアス折りで結んでいます。

ループノット

1　スカーフの一方の先端を少し残して、ゆるい結び目をつくる。

2　スカーフを首にかけ、もう一方の先端を結び目に通す。

3　結び目と先端の形を整える。結び目を好みの位置に移動させる。

リボン結び

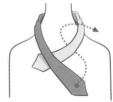

1　スカーフを首にかけ、上に重ねるほうを長めに交差させ、下からくぐらせてひと結びする。

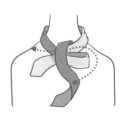

2　下から出ているほうで輪をつくり、反対側に向け、上から出ているほうをかぶせるようにしてリボン結びにする。

3　結び目と先端の形を整える。結び目を好みの位置に移動させる。

基本の結び方6

ハーフリボン

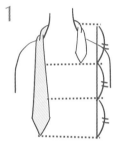

1
スカーフを首にかけ、上に重ねるほうをやや短めに交差させ、下からくぐらせてひと結びする。

1
スカーフを、左右3対1の長さになるように首にかける。

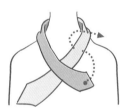

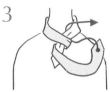

3
もう1回、長いほうを短いほうの上に交差させてから、首に巻いた部分の下から上に出す。

2
下から出ているほうで輪をつくって反対側に向け、上から出たほうでかぶせるようにして先端を結び目に通す。

2
長いほうを短いほうの上に交差させ、短いほうの下を通って折り返す。

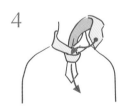

4
長いほうの先端を輪に通す。

3
すべてが表側に出るように整え、好みの位置に結び目を移動する。

5
短いほうを引っ張って締め、結び目の形を整える。

Part 1

プチスカーフの
巻き方

プチスカーフとは、50〜60cm台の正方形スカーフを指します。
大判より折りたたみやすいので、気軽にサッと巻くことができます。
バンダナや大きめのハンカチでも同様に巻くことができるので、
いろいろな布を使って巻き方を試してみてください。

固結び

スカーフのサイズ　68×68cm
シルク100%　エビス（エビス 青山）

● 相性のよいネックライン

　えり付きシャツ

　クルーネック

　ボートネック

　Vネック

　メンズ
ジャケット

スカーフ初心者が気軽にトライできる、基本の結び方です。少しゆるく巻いたり、結び目の位置を変えたり、素材を工夫したりすると表情が変化するので、いろいろなファッションに合わせることができます。ビジネスにもプライベートにも使える結び方です。

スカーフの結び方

1

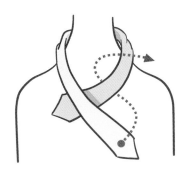

バイアス折り（14ページ参照）にしたスカーフを首にかけ、上に重ねるほうを少し長めに交差させ、下からくぐらせてひと結びする。

2

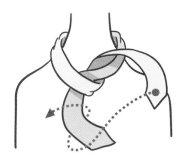

下から出ているほうを反対側に向ける。上から出ているほうを、下から出ているほうにかぶせるようにして後ろに通し、できた輪の中に通す。

3

結び目と先端の形を整える。結び目を好みの位置に移動させる。

Point

2回目に結ぶとき、上下を逆にすると縦結びになってしまうので注意が必要です。

Arrange

2重に巻いて小さな結び目をつくる

首に2重に巻いて結び目を小さくすると、シャープな雰囲気に変化します。結び方は、まずスカーフの中央を首の正面にあてて、後ろで交差させて前で固結びをします。

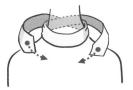

スカーフのサイズ
69×69cm
ポリエステル100%
スタイリスト私物

リボン結び

● 相性のよいネックライン

えり付きシャツ

クルーネック

スクエアネック

Vネック

スカーフのサイズ 65×65cm
シルク100% マニプリ

首元にリボンがあると、かわいらしい雰囲気を演出できます。首に
ぴったりと巻いて、リボンでポイントをつくるので、ネックライン
の空きがあるトップス向きです。また紺や黒のジャケットスタイル
に合わせると、華やかさをプラスすることができます。

スカーフの結び方

1

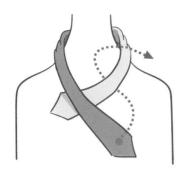

バイアス折り（14ページ参照）にしたスカーフを首にかけ、上に重ねるほうを長めに交差させ、下からくぐらせてひと結びする。

2

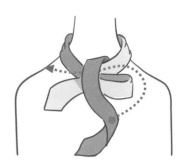

下から出ているほうで輪をつくり、反対側に向け、上から出ているほうをかぶせるようにしてリボン結びにする。

3

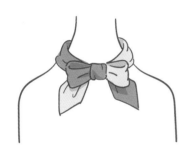

結び目と先端の形を整える。結び目を好みの位置に移動させる。

Point

プチスカーフは、長さが短いため、でき上がりのリボンの輪が小さめになります。最初のひと結びを首にぴったりと結ぶと、きれいに結べます。

Arrange

ねじってから細く巻く

首に巻く部分をねじって細くすると、小さなリボンをより目立たせることができます。結び方は、スカーフを三角折り（15ページ参照）にして頂点から細く折り、両はしを持ってねじったものを首にかけ、最後にリボン結びをします。

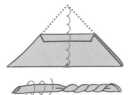

スカーフのサイズ　57×57cm
シルク100％　スタイリスト私物

25

カウボーイ

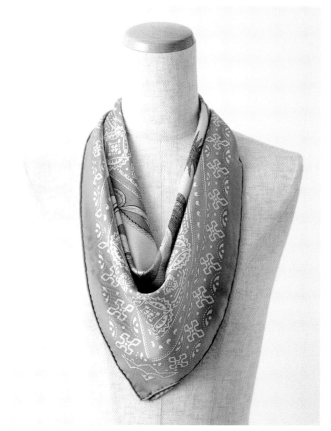

スカーフのサイズ　65×65cm
シルク100%　マニプリ

●相性のよいネックライン

えり付き
ジャケット

えり付きシャツ

クルーネック

タートルネック

ドレープのボリュームで印象を変えることができる巻き方。首の短い人はドレープを少なくして先端をとがらせるようにすると、Iラインができてスッキリ見せることができます。フワッとした雰囲気が好きならドレープを多めに。バンダナで巻くと、かわいらしくなります。

スカーフの結び方

1

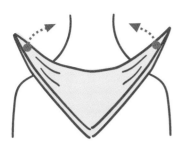

三角折り（15ページ参照）にした
スカーフを首もとにあてる。

2 後ろ

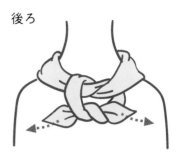

首の後ろで、スカーフの両はしを
2回結んで固結びにする。

3

ドレープの形を整える。

Point

結び目の位置を首の横
に変えて、スカーフを
肩にかけるようにして
もよい。

Arrange —————————

ブローチでワンポイント

スカーフの上からブローチやクリッ
プなどをつけることで、エレガント
な雰囲気を演出することができます。

スカーフのサイズ
58×58cm
シルク100％
伝統横濱スカーフ
（インターモード川辺）
クリップ／フラトリエ
（オーロラ株式会社）

ネクタイ結び

スカーフのサイズ　64×64cm
シルク100％　ハウス オブ ロータス（インターモード川辺）

●相性のよいネックライン

えり付きシャツ

タートルネック

クルーネック

　えり付きのシャツや、えり開きの小さいクルーネックTシャツなど
におすすめのネクタイ結び。縁取りのあるスカーフを使うと、タイ
の形が強調されます。女性は、えり付きシャツのいちばん上のボタ
ンをはずし、えりの下に巻くとビジネスシーンにも使えます。

スカーフの結び方

1

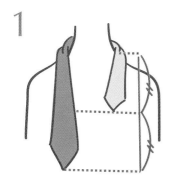

バイアス折り(14ページ参照)にしたスカーフを首にかける。左右が2:1の長さになるように調節する。

2

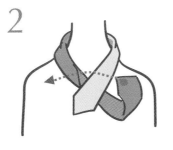

長いほうの裏を前に向けて、短いほうの下に交差させ、次は表が出るように折り返して交差させる。

3

長いほうを首に巻いた部分の下から上に出す。

4

長いほうの先端を、3でつくった輪に通す。

5

短いほうを引いて締めながら、結び目の形を整える。

Point

えり元をスッキリ見せたい場合は、首にかける部分だけ(スカーフの真ん中あたり)、バイアス折りをさらに半分の幅に折ってから首にかけます。

Arrange

素材を変えるとフェミニンに

マニッシュなイメージが強いネクタイ結びですが、シフォンやオーガンジーなど、薄くて透けている素材のスカーフで結ぶと女性らしい雰囲気になります。

スカーフのサイズ
50×50cm
シルク100%
スタイリスト私物

アスコットタイ

スカーフのサイズ　58×58cm
シルク100%　伝統横濱スカーフ（インターモード川辺）

●相性のよいネックライン

えり付きシャツ

えり付き
ジャケット

クルーネック

メンズ
ジャケット

男性にもおすすめの巻き方です。ジャケットやシャツのえりの内側
にインするのが一般的ですが、プチサイズは先端を外側に出しても
OK。1回結んでいるだけなので、重なっている部分を上下一緒に
ブローチなどで固定すると、くずれにくくなります。

スカーフの結び方

1

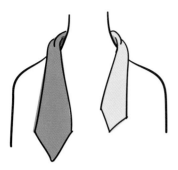

バイアス折り（14ページ参照）にした
スカーフを首にかける。

2

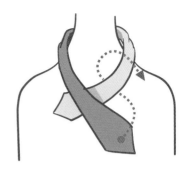

上に重ねるほうを少し長めに交差させ、
下からくぐらせてひと結びする。

3

上から出た長いほうの形を、広げなが
らきれいに整える。

Point

タイの形をよくするため
には結び目を少し細くす
るのがコツ。自然なギャ
ザーでOKですが、プリ
ーツをつくって整える方
法もあります。

Arrange

2回巻きで安定させる

プチスカーフのアスコットタイは、
ひと結びで形がくずれやすいので、
2回巻いて形を安定させる方法も
あります。結び方は、左右の長短
の差を大きくとり、長いほうでひ
と結びしたあと、そのまま長いほう
をもう1回結び目にくぐらせます。

スカーフのサイズ
58×58cm

シルク100%
フィオリトゥーラ
ジョヴァンナ
（オーロラ株式会社）

31

ループリボン

スカーフのサイズ　65×65㎝
シルク100%　マニプリ

●相性のよいネックライン

クルーネック

スクエアネック

Vネック

プチスカーフを使って、簡単にシングルリボンをつくる方法です。
今回は、結び目を首のななめ前に配置し、輪の部分は後ろ向きにし
て先端を前にたらすように整えました。結び目を首の真横に配置し、
輪の部分を前にして先端を後ろにたらしてもOKです。

スカーフの結び方

1

10cm

バイアス折り(14ページ参照)にした
スカーフの一方の先端を約10cm残
して、ゆるい結び目をつくる。

2

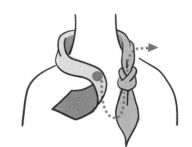

スカーフを首にかけ、もう一方で輪
をつくり、1でつくった結び目の下
から輪を通す。

結び目を締めて形を整え、結び目を
好みの位置に移動させる。

Point

結び目をつくるとき、バ
イアス折りのさらに半分
の幅に折って結ぶと、す
っきりとまとまります。

Arrange

ゆったり結んでラインをつくる

結び目に通すリボンを小さくすることで、
首もとにゆったりしたラインをつくること
もできます。ネックラインが狭いトップス
に合います。素材はやや厚みのあるタイプ
がきれいなラインを出すことができます。

スカーフのサイズ
65×65cm
シルク100%
マニプリ

シンプルツイスト

スカーフのサイズ　53×53cm
ポリエステル100%　スタイリスト私物

●相性のよいネックライン

えり付きシャツ

クルーネック

スクエアネック

Vネック

ねじって首に巻く部分が細くなるので、女性らしさを表現できる巻き方です。素材やツイストの強さで太さが変化するので、ファッションに合わせてバランス調整を。先端の開き具合（角度）でボリュームが変わり、雰囲気も変えることができます。

スカーフの結び方

1

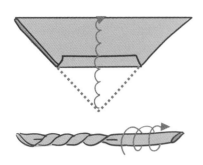

三角折り(15ページ参照)にしたスカーフを、頂点から丸める。両はしを持ち、一方は固定し、もう一方からねじる。

2

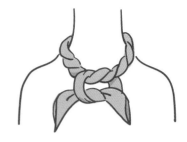

首にかけ、2回結んで固結びにする。

3

先端を整え、結び目を好みの位置に移動させる。

Point

強くねじりすぎると、ひものように見えてしまうので、生地に合わせて力を加減しましょう。

Arrange ─────────────

先端をループリボンにする

最後を固結びで結ぶのではなく、ループリボン(32ページ参照)にすると、かわいらしさがアップします。巻き方は、先端を少し残して結び目をつくってからねじり、首にかけてもう一方を輪にして結び目に通します。

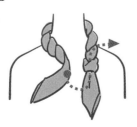

スカーフのサイズ
68×68cm

シルク100%
エピス(エピス 青山)

35

ループノット

スカーフのサイズ　58×58cm
シルク100%　伝統横濱スカーフ（インターモード川辺）

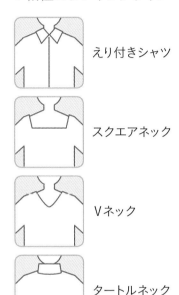

● 相性のよいネックライン

えり付きシャツ

スクエアネック

Vネック

タートルネック

見た目は、固結びとほぼ同じに見えます。結び目を移動させること
ができるため、結んだあとでも調整ができて便利なので、ぜひ身に
つけてほしい巻き方です。結び目が小さくなるため、厚地でもスッ
キリ見せることができます。たらす長さは自由にアレンジして。

スカーフの結び方

1

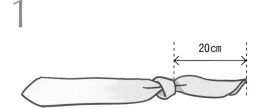

20cm

バイアス折り(14ページ参照)にしたス
カーフの一方を、先端を約20cm残して
ゆるい結び目をつくる。

2

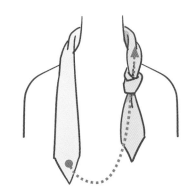

スカーフを首にかけ、もう一方の先端
を結び目に通す。

3

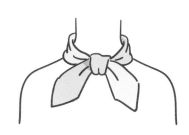

結び目と先端の形を整える。結び目を
好みの位置に移動させる。

Point

先端の長さはそろえても
いいですし、長短をつけ
てIラインを強調するの
もおしゃれです。

Arrange

結び目に逆から通す

先端が結び目の同じ口から
同じ方向へ出ることで、印
象を変えることができます。

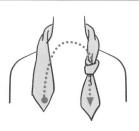

スカーフのサイズ
66×66cm
素材不明
スタイリスト私物

プチピエロ

クルーネック

スクエアネック

えりなし
ジャケット

スカーフのサイズ　52×52cm
シルク100%　スタイリスト私物

パーティーや接待などのシーンに使える、華やかさの出る結び方です。形をきれいに保つためにはハリのある生地を選ぶとよいでしょう。縁どりのある柄で結ぶと、プリーツのラインがはっきり見えて、豪華な雰囲気を演出できます。

スカーフの結び方

1

プリーツ折り(17ページ参照)にしたスカーフの両はしをクリップなどでとめる。

2

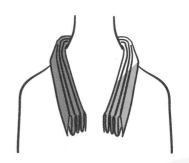

首にかけて先端を合わせる。クリップをはずす。

Point

折り山を上にして首にかけます。

3

先端のプリーツがくずれないように気をつけて、スカーフと同系色のゴムでぴったりとめる。

4

プリーツを広げて、ふんわりとした形に整える。

Arrange ────────────

スカーフクリップでとめる

ゴムを使うのではなく、両はしを「X」の形になるように交差させて、クリップでスカーフをとめる方法もあります。

スカーフのサイズ
52×52cm

シルク100％
スタイリスト私物
クリップ／フラトリエ
(オーロラ株式会社)

セーラー結び

スカーフのサイズ　58×58cm
シルク100％　伝統横濱スカーフ(インターモード川辺)

● 相性のよいネックライン

クルーネック

Vネック

時間の余裕がないときに、サッと短時間でできる巻き方です。首もとを隠したいときや日焼けを予防したりするのにも便利。面が大きく出るので、柄がポイントのスカーフを生かしてもよいでしょう。

スカーフの結び方

1

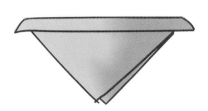

三角折り（15ページ参照）にし、底辺を少し折る。

2

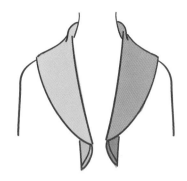

折った部分が内側になるように首にかけ、左右が同じ長さになるように調節する。

3

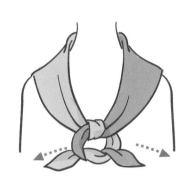

結び目の位置を決めて、2回結んで固結びにする。

Point

底辺を少し折ることでゆったりとしたドレープができ、背中の三角がきれいに見えます。

Arrange

クリップでとめる

最後を固結びにするのではなく、クリップでとめる方法もあります。またクリップがない場合には、手持ちの指輪やナプキンリングを使ってもよいでしょう。

スカーフのサイズ
58×58cm

シルク100％
スタイリスト私物
クリップ／フラトリエ
（オーロラ株式会社）

首に巻く以外のスカーフの使い方①

プチスカーフをポケットチーフに

ジャケットの胸ポケットに入れ、華やかに見せるポケットチーフ。
プチスカーフで代用することができます。

● スリーポインター

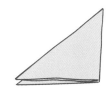

1
2回、三角に折る。

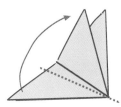

2
開いている（2つの
折り山がある）角を
1枚ずつ、ずらしな
がら折り返す。

3
ポケットに入るサイ
ズに角を内側に適当
に折りこむ。ポケット
に入れて形を整える。

スカーフのサイズ
44×44cm

ポリエステル100%
スタイリスト私物

● フラワーチーフ

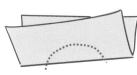

1
長方形折りの2つ折
りをずらす。

2
折り山の中央に結び
目をつくる。輪ゴム
でまとめてもOK。

3
ポケットに入れて形
を整える。

スカーフのサイズ
50×50cm

シルク100%
スタイリスト私物

Part 2

大判スカーフの
巻き方

大判スカーフとは、70〜100cm台の正方形スカーフを指します。
88×88cm、90×90cmサイズが一般的です。
結び方の種類が多く、アレンジ術も多いので、
1枚あるとさまざまなシーンでおしゃれを楽しむことができます。

固結び（大判）

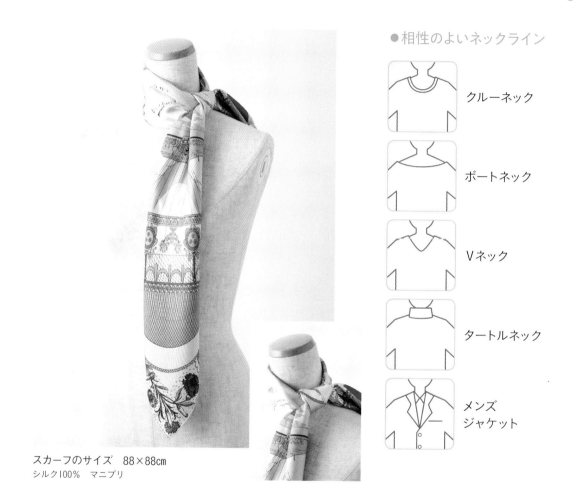

●相性のよいネックライン

クルーネック

ボートネック

Vネック

タートルネック

メンズ
ジャケット

スカーフのサイズ　88×88cm
シルク100%　マニプリ

プチスカーフで巻いたときと違って、Ⅰラインが強調され、シャー
プな雰囲気に。またスカーフの面積が広く現れるので、シンプルな
服には、単色や単調な柄よりも複雑な柄のほうが合うでしょう。メ
ンズジャケットと合わせる場合は結び目を正面に配置しましょう。

スカーフの結び方

1

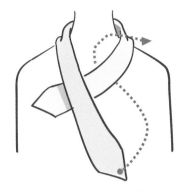

バイアス折り（14ページ参照）にしたスカーフを首にかけ、上に重ねるほうを少し長めに交差させ、下からくぐらせてひと結びする。

2

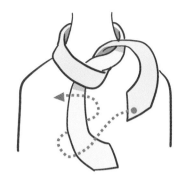

下から出ているほうを反対側に向ける。上から出ているほうを、下から出ているほうにかぶせるようにして後ろに通し、できた輪の中に通す。

3

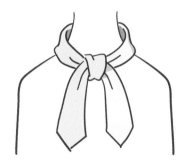

結び目と先端の形を整える。結び目を好みの位置に移動させる。

Point

2回目に結ぶとき、上下を逆にすると縦結びになってしまうので注意が必要です。

Arrange

首に2重に巻く

首元が開いているトップスのときは首に2重に巻くと、きちんと感がアップします。結び目が浮いてボリュームが出ないように、きっちりと結びましょう。結び方は中央を首の正面にあてて、後ろで交差させて前で固結びをします。

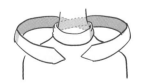

スカーフのサイズ　81×81cm
シルク100%　スタイリスト私物

リボン結び（大判）

スカーフのサイズ　88×88cm
シルク100%　ハウス オブ ロータス（インターモード川辺）

●相性のよいネックライン

えり付きシャツ

クルーネック

ボートネック

Vネック

リボンの輪が立体的なので、生地のツヤが際立つ結び方です。ブルーやグリーン、モノトーンの生地で結べば大人っぽさを演出できます。また、先端に長短をつけて、たれている部分の一方を長くすればシャープさを出すことができます。

スカーフの結び方

1

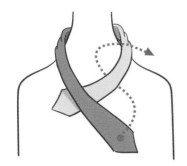

バイアス折り（14ページ参照）にしたスカーフを首にかけ、上に重ねるほうを長めに交差させ、下からくぐらせてひと結びする。

2

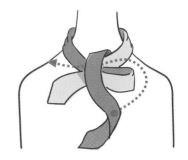

下から出ているほうで輪をつくり、反対側に向け、上から出ているほうをかぶせるようにしてリボン結びにする。

3

結び目と先端の形を整える。結び目を好みの位置に移動させる。

Point

リボンの輪を小さくしてたれる部分を長くしたり、リボンの輪を広げて全体的に大きくしたり、その日のスタイルに合わせてリボンを調整しましょう。

Arrange

プリーツ折りで結ぶ

プリーツ折り（17ページ参照）にしてリボン結びをすると、リボンの輪の部分が広がり、さらに華やかな印象を与えることができます。結び方は、三角折りにして底辺からプリーツを折り、頂点は底辺をくるむように追ってピンチでとめ、首にかけてリボン結びをします。

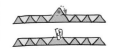

スカーフのサイズ
88×88cm

シルク100％
フラトリエ
（オーロラ株式会社）

アフガン巻き

スカーフのサイズ　88×88㎝
シルク100%　伝統横濱スカーフ(インターモード川辺)

●相性のよいネックライン

えり付きシャツ

クルーネック

Vネック

メンズ
ジャケット

色や柄が単調なものより、大きい柄を選ぶと華やかさが増します。
また、ドレープをたっぷりとってゆったりと巻くと、大人っぽく仕
上がります。結んでから結び目を横にずらしたり、両はしを結ばず
にそのままたらしたり、さまざまなアレンジも楽しめます。

スカーフの結び方

1

三角折り（15ページ参照）にした
スカーフを正面から首にかける。

2

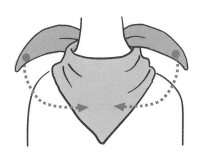

両はしを首の後ろで交差させて
から前に持ってくる。

3

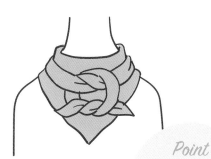

正面で固結びをする。

Point

正面で固結びをする
とき、縁が外に見え
ないように結ぶとき
れいに見えます。

4

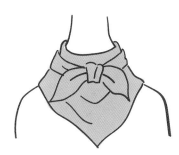

ドレープの形を整える。

Arrange

結び目を隠す

三角形の下に結び目を隠すと、ド
レープ感を際立たせることができ
ます。結び方は、スカーフの両は
しを三角形の裏側に回してから固
結びをします。

スカーフのサイズ
92×92cm
レーヨン100%
オットダム
（ストックマン）

アスコットタイ（大判）

スカーフのサイズ　88×88cm
シルク100%　伝統横濱スカーフ（インターモード川辺）

●相性のよいネックライン

えり付きシャツ

えりなし
ジャケット

Vネック

メンズ
ジャケット

ビジネスシーンで使える、華やかな柄でも目立ちすぎない結び方です。首元やデコルテを隠したいときも便利。スカーフが見える部分は一部なので、どの部分を出すか、考えながら結びましょう。ゆったり巻くと、カジュアル感を出すこともできます。

スカーフの結び方

1

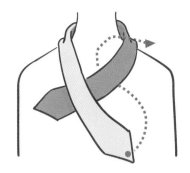

バイアス折り(14ページ参照)にしたスカーフを首にかける。上に重ねるほうを長くして交差させ、下から輪にくぐらせてひと結びする。

2

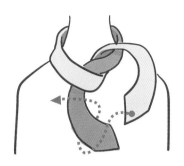

下から出たほうの先端を反対側に向ける。上から出ているほうを、下から出ているほうにかぶせるようにして後ろに通し、できた輪の中に通す。

3

長いほうを結び目の内側に下から通し、正面にたらす。

4

タイの部分の形を整える。

Point

重なっている部分をスカーフ留めやブローチで押さえるとくずれにくくなります。

Arrange

首に2重に巻く

テーラードジャケットなど、えりの開きが深いものに合わせるときは、首に2重に巻くのがおすすめです。結び方は、中央を首の正面に当てて、後ろで交差させて前でアスコットタイの結び方をします。

スカーフのサイズ
88×88cm
シルク100%
スタイリスト私物

ハーフリボン

スカーフのサイズ　88×88cm
シルク100%　スタイリスト私物

●相性のよいネックライン

えり付き
ジャケット

クルーネック

スクエアネック

Vネック

左右非対称の形のため、リボン結びよりもシャープな印象を与える
ことができます。結び目はセンター位置に置いてもいいですし、首
の横に移動させてもOKです。単色・大柄・小花柄など、絵柄を選
ばないので覚えておくと便利な結び方です。

スカーフの結び方

1

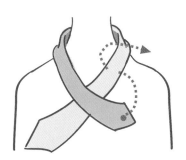

バイアス折り(14ページ参照)にしたスカーフ
を首にかけ、上に重ねるほうをやや短めに交
差させ、下からくぐらせてひと結びする。

2

下から出ているほうで輪をつくって反対側に
向け、上から出たほうでかぶせるようにして
先端を結び目に通す。

3

すべてが表側に出るように整え、好みの位置
に結び目を移動する。

Point

首にかけるとき、リボ
ンの輪をつくりたいほ
うを長くしましょう。

Arrange

首に巻く部分をねじって細くする

タートルネックなど、首元にボ
リュームのあるトップスのとき
は、首に巻く部分をねじって細
くするとバランスがとれます。

スカーフのサイズ
88×88cm

シルク100%
フィオリトゥーラ ジョヴァンナ
(オーロラ株式会社)

チョーカー

●相性のよいネックライン

えり付きシャツ

ボートネック

Vネック

後ろ

スカーフのサイズ　90×90cm
ウール85％ シルク10％ カシミヤ5％　エビス(エビス 青山)

アクセサリーのチョーカーのようなシルエットに仕上がる巻き方です。柄があまり見えなくなるので、単調な柄のスカーフがおすすめです。丸首のノーカラーコートに合わせるとおしゃれです。マフラーで同じように巻くと、ボリュームが出るうえに防寒にもなります。

スカーフの結び方

1

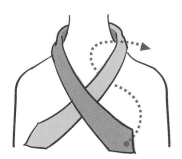

バイアス折り（14ページ参照）にした
スカーフを左右が同じ長さになるよ
うに首にかけ、正面でひと結びする。

2

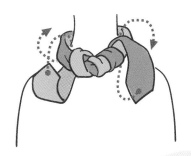

両端をそれぞれ首まわ
りの輪に巻きつける。

Point

巻きつけるときに、同
じ力加減で巻いていく
と、形がズレるのを防
ぐことができます。

3 後ろ

後ろで2回結び、固結びにする。

4

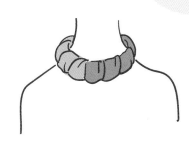

チョーカーの形を整える。

Arrange

結ばずに先端を長めにたらす

先端を固結びにしないで、たらす方法
もあります。上からたらしても下から
たらしてもOKです。ぐるぐると巻き
こんでいるため、最後に結ばなくても
簡単にはほどけません。

スカーフのサイズ
88×88cm
シルク100%
スタイリスト私物

二重巻きループノット

スカーフのサイズ　88×88cm
シルク100%　マニプリ

●相性のよいネックライン

えり付きシャツ

えり付き
ジャケット

Vネック

大判サイズを短く見せたいときに重宝する結び方。結び目の大きさ
やバイアス折りにした横幅の長さで、印象を変えることができます。
スカーフの先端を広げると少しカジュアルな雰囲気に変えられます。
シンプルなスタイルなのでいろいろなファッションに合います。

スカーフの結び方

1

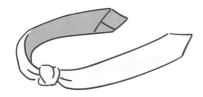

バイアス折り（14ページ参照）にしたスカーフの中心にゆるめの結び目をつくる。

2

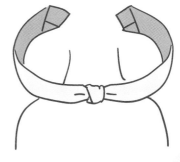

結び目を首の正面にあてて、両はしを首の後ろで交差させる。

Point

折り山を上にして首にかけます。

3

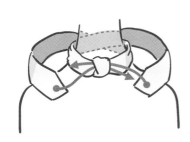

先端を前に持ってきて、結び目の左右から通す。

4

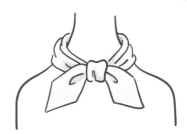

結び目と先端の形を整える。結び目を好みの位置に移動する。

Arrange

結び目に好みの柄を出す

好みの柄の結び目をつくります。結び目がスカーフのはしになる場合は、首に二重に巻いてから結び目に通すとコンパクトにまとまります（19ページ参照）。

スカーフのサイズ
88×88cm
コットン100％
スタイリスト私物

57

ピエロ結び(大判)

スカーフのサイズ　88×88cm
シルク100%　フラトリエ(オーロラ株式会社)

● 相性のよいネックライン

えり付き
ジャケット

クルーネック

Vネック

タートルネック

華やかに見せたいときにおすすめのピエロ結び。パーティーシーン
では光沢のあるスカーフを巻くと、より一層ゴージャスな雰囲気を
演出できます。オフィスでは落ち着いた色がおすすめ。結び目は正
面でもいいですし、首のななめ前に移動させてもいいでしょう。

スカーフの結び方

1
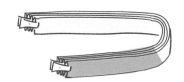

プリーツ折り（17ページ参照）にしたスカーフの両はしをピンチでとめる。

2
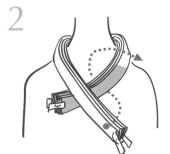

スカーフを首にかけ、上に重ねるほうを少し長めに交差させ、下からくぐらせてひと結びする。

3
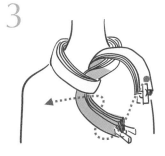

下から出たほうの先端を反対側に向ける。上から出ているほうを、下から出ているほうにかぶせるようにして後ろに通し、できた輪の中に通す。

4
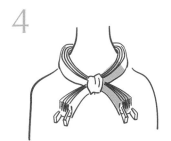

結び目を整え、クリップをはずす。

5
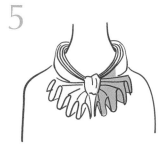

プリーツをきれいに広げ、結び目を好みの位置に移動する。

Point

首に巻くとき、スカーフの縁が下にくるように首にあてましょう。

Arrange

ひと結びでシンプルに

ひと結びにし、プリーツを広げて２段になるように、サイドから前にたらします。ロングスカーフでも同様に巻くことができます。

スカーフのサイズ
88×88cm
シルク100％
マニプリ

ピーターパン結び

クルーネック

Vネック

タートルネック

スカーフのサイズ　70×70cm
ウール80％ シルク10％ カシミヤ10％　エピス（エピス 青山）

スカーフの面積が大きく出るので、お気に入りの柄や色のスカーフ
でトライしましょう。スカーフの中心まで柄があるもので結ぶと、
完成したときに違和感がありません。最後に結び目をななめ横にず
らすと、カジュアルなイメージになります。

スカーフの結び方

1

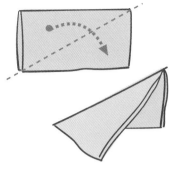

半分に折ったスカーフを対角線で折り、
ダブルトライアングル折りにする。

2

Point
折り山を上にし
て首にかけます。

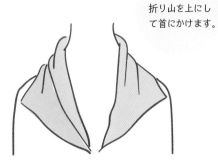

折り山の部分を首にかける。

3

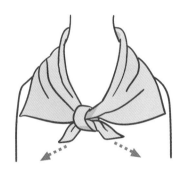

両はしを2回結んで、固結びにする。

4

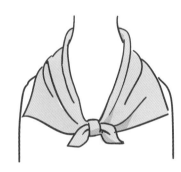

形を整える。結び目を好みの位置に移動する。

Arrange

結ぶ位置を変える

結ぶ位置を高くすると、全体が
リボンの形のようになります。
結び方は、たれている部分の中
央あたりでひと結びする。先端
を引っ張り、形が決まったらも
う1回結んで固結びにする。

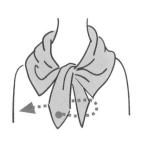

スカーフのサイズ
88×88cm
シルク100%
フラトリエ
（オーロラ株式会社）

61

トライアングルプリーツ

●相性のよいネックライン

えり付きシャツ

クルーネック

Vネック

タートルネック

スカーフのサイズ　88×88cm
シルク100%　マニプリ

縦のラインが強調されるので、スッキリ着やせして見える効果があります。薄くてやわらかい素材だとプリーツのライン部分がきれいに出ます。縁の色がハッキリしたスカーフや大きな柄のもので結ぶと立体感が出て、アクティブな印象を与えることができます。

スカーフの結び方

1

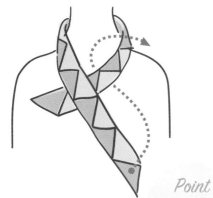

三角折り(15ページ参照)にしたスカーフ
を底辺側からプリーツ折りにする。

2

最後の折り返しは、プリーツをくるむよ
うに底辺側に折り返し、ピンチでとめる。

3

底辺側を首にあてるようにし
て首にかけ、ひと結びする。

Point

折り山を上にし
て首にかけます。

4

ピンチをはずして、プリーツ
の形を整える。

Arrange ─────────

固結びでサイドにたらす

最後をひと結びではなく、固結び
にすると結び目が安定するのでサ
イドにずらすことができます。し
っかり結ぶとプリーツが広がる効
果もあります。

スカーフのサイズ
88×88cm

シルク100%
フラトリエ
(オーロラ株式会社)

ツイスト

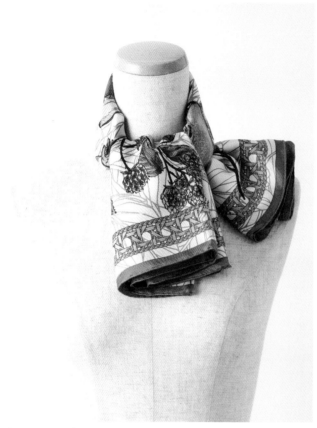

● 相性のよいネックライン

えり付きシャツ

クルーネック

Vネック

メンズ
ジャケット

スカーフのサイズ　88×88cm
シルク100%　マニプリ

長方形折りで厚みがあり、首元に適度なボリュームが出ます。ジャ
ケットと相性のいい結び方です。えり開きが狭いジャケットにはえ
りの上に軽く乗るように結び、テーラードジャケットには結び目を
少しななめにするとバランスがよくなります。

64

スカーフの結び方
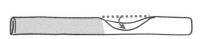

1
長方形の8つ折り（16ページ参照）にしたスカーフの首にかける中心部分だけ、さらに半分に折る。

2
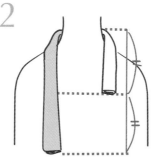
左右2対1の長さになるようにスカーフを首にかける。

3
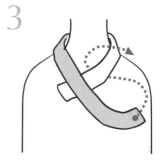
長いほうが上になるように交差させ、ひと結びする。

4
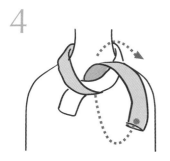
結び目に、長いほうを1〜2回巻きつける。

5
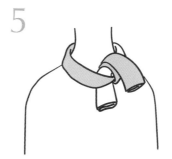
形を整える。結び目を好みの位置に移動する。

Point
サイズが大きいスカーフ（110×110cmなど）のときは、左右の長さの差を多めにとります。

Arrange

プリーツ折りで結ぶ
8つ折りではなく、プリーツ折りにして結ぶとフェミニンな印象になります。上から出す先端のプリーツがポイントになるため、形を整えるときは一方の手で上からおさえながら、他方の手で左右に広げましょう。

スカーフのサイズ
88×88cm
シルク100%
フラトリエ
（オーロラ株式会社）

チェーンドレープ

スカーフのサイズ　88×88㎝
シルク100%　伝統横濱スカーフ(インターモード川辺)

●相性のよいネックライン

えり付き
ジャケット

えり付きシャツ

ボートネック

メンズ
ジャケット

複雑そうに見えて、意外と簡単なので覚えておくと便利な巻き方です。えり付きのトップスとも相性がよく、型崩れもしにくいのでビジネスシーンにおすすめです。対角線上を2色に分けたスカーフだと完成したときに色が偏るので、注意しましょう。

スカーフの結び方

1

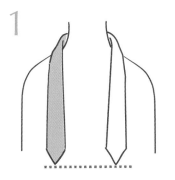

バイアス折り(14ページ参照)にしたスカーフを首にかけ、左右が同じ長さになるように調節する。

2

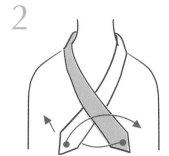

両はしを正面で2回交差させる。

3

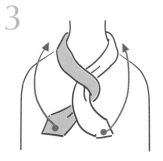

交差させた形を残したまま、両はしを首の後ろに回す。

4 後ろ

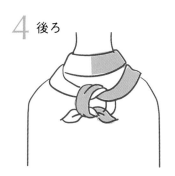

首の後ろで2回結んで固結びをする。

5

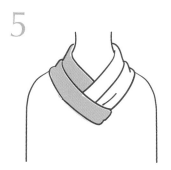

正面のドレープを整える。

Point

正面で交差させるとき、スカーフをねじらずに交差させるとスッキリとしたドレープになります。ねじりながら交差させると少し複雑なドレープになります。

Arrange

三角折りで結ぶ

バイアス折りをせずに、三角折り(15ページ参照)で首にかけて結ぶと、自然なドレープが出ます。

スカーフのサイズ
89×89cm
素材不明
スタイリスト私物

トライアングルループノット

●相性のよいネックライン

えり付き
ジャケット

えり付きシャツ

Vネック

タートルネック

スカーフのサイズ　70×70cm
ポリエステル100％　AVALON(ベルメゾンコールセンター)

ハリがある素材で結ぶと形が整いやすいです。どこに抜け感をつく
るかで印象が変わります。横に広げるとフェミニンな印象になり、
縦に広げると細身に見せることができます。スカーフの面積が広く
出るので、シンプルなトップスと合わせるといいでしょう。

スカーフの結び方

1

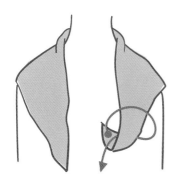

三角折り(15ページ参照)にしたスカーフを首にかけ、一方の先端を約20cm残してゆるめの結び目をつくる。

2

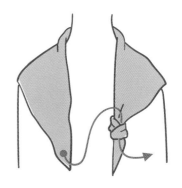

もう一方の先端を結び目の内側から通す。

3

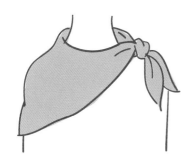

結び目を左右どちらかに移動し、結び目を締める。ドレープを整える。

Point

首にかけてから結ぶのが難しい場合、結び目をつくってから首にかけてもOKです。

Arrange

固結びにする

三角折り(15ページ参照)にしたスカーフを首にかけたあと、両はしを固結びにする方法もあります。固結びにするとループノットと違って、剣先が逆方向に分かれます。ほかに、リボン結びでとめるなど、とめる方法はいろいろあります。

スカーフのサイズ
70×70cm
ウール85% シルク10%
カシミヤ5%
エピス(エピス 青山)

69

フィッシュテイル

スカーフのサイズ　88×88cm
シルク100％　伝統横濱スカーフ（インターモード川辺）

●相性のよいネックライン

えりなし
ジャケット

クルーネック

スクエアネック

タートルネック

アシンメトリー感がおしゃれに見える結び方。丸みのある結び目が
やわらかな雰囲気を演出してくれるので、薄くやわらかな素材がお
すすめです。シャープな柄でもフェミニンな印象に仕上げてくれま
す。結び目は正面でもサイドに移動してもOKです。

スカーフの結び方

1

長方形折りの８つ折り(16ページ
参照)にしたスカーフをさらに半
分に折り、16分の１の幅にする。

2

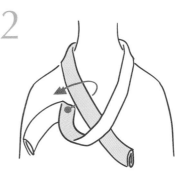

一方を長めに首にかけ、長いほう
を上に交差させて輪をつくり、短
いほうの下からくぐらせる。

3

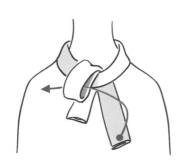

輪を前にたらし、もう一方の先端
を輪に通す。

4

長いほうの先端を引いて結び目を
固定する。形を整える。

Point

首元のスカーフがゆる
くて結び目の位置が下
がると、野暮ったく見
えるので、鏡を見なが
ら結びましょう。

Arrange

プリーツ折りで結ぶ

16分の１折りではなく、プリーツ折
りで結ぶとより華やかになります。
全身ではなく、顔まわりに視線を集
めたいときにおすすめの結び方です。

スカーフのサイズ
88×88cm
シルク100%
スタイリスト私物

ローズ結び

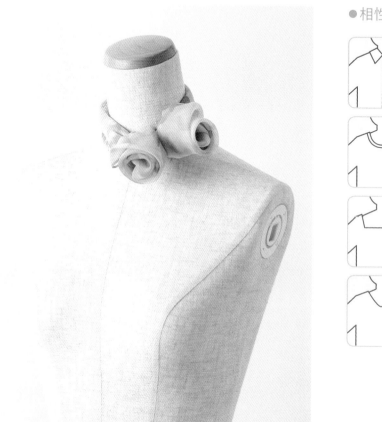

えり付きシャツ

クルーネック

スクエアネック

Vネック

スカーフのサイズ　88×88cm
シルク100%　スタイリスト私物

バラのつぼみが2つ並んだように見える結び方。顔のすぐ近くにバラが寄るため、パステルカラーやとても淡い色合いで軽い生地がおすすめです。パーティーシーンでは光沢のあるスカーフを選んでもいいでしょう。

スカーフの結び方

1

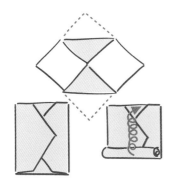

1対の対角線の角を中心に合わせ、もう1対の対角線の角を中心より多めに折り、短い辺の一方から丸めていく（短い辺は「首まわりの長さ＋花の高さ＋3cm」にすると、ちょうどよい長さになります）。

2

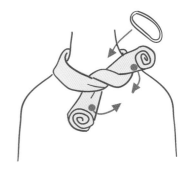

首にかけてひと結びし、先端が前に向くように根本をゴムで固定する。ひと結びができない場合は、交差させてゴムで固定してもOK。

3

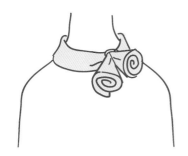

花がきれいに見えるように、形と向きを整える。

Point

ゴムは生地と同系色のものを選びましょう。透明なゴムがあればそれでもOKです。

Arrange

2色のローズをつくる

スカーフの柄をうまく利用して、2色のバラをつくることができます。グラデーションのあるスカーフや大きな柄のもので巻くと自然に2色になる場合も。幅広の縁どりがあるスカーフの場合は2回目の対角線を折るときに、一方を深めに他方を浅めに折ると2色のバラができ上がります。

スカーフのサイズ
78×78cm
シルク100%
スタイリスト私物

首に巻く以外のスカーフの使い方②

頭に巻く

大判スカーフをターバンのようにして使うことも
できます。髪はロングでもショートでもOKです。
ヘアゴムがなくても、髪がさがってこないように
できて便利です。

1 大判スカーフをバイアス折り（14ページ参
照）にする。

2 スカーフの中心をうなじにあてて、頭頂部で
クロスさせる。

3 うなじまで戻し、固結びをする。

スカーフのサイズ　88×88cm
シルク100%　マニプリ

バッグのハンドルに巻く

バッグのハンドルにスカーフくるくる巻くだけで、
バッグの印象が変わります。汚れやすく、傷つきや
すいハンドルを守りたいときにも、おすすめです。

1 スカーフをバイアス折りにする。もしくは、
剣先タイプを縦に折って使う。

2 はしを少し残してバッグのハンドルにひと結
びしてから巻く。

3 巻き終わったら、はしを少し残すようにして、
ひと結びする。

スカーフのサイズ　5×125cm
シルク100%　マニプリ

Part 3

ロングスカーフの
巻き方

ロングスカーフとは、
幅25〜53cm、長さ130〜200cmの長方形スカーフを指します。
先端がななめのスカーフやプリーツ状になっているものもあります。

ひと結びA

●相性のよいネックライン

えり付きシャツ

クルーネック

ボートネック

スクエアネック

スカーフのサイズ　70×180cm
シルク80％コットン20％
エビス（エビス 青山）

ロングスカーフの長さを生かした巻き方です。スカーフの先端を前後にたらすので、後ろ姿にもアクセントをつけることができます。身長によって似合う長さが変わるので、巻いてみてバランスのよいものを選びましょう。マフラーにもおすすめの巻き方です。

スカーフの結び方

1

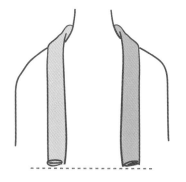

4つ折り(16ページ参照)にしたスカーフを首にかけ、左右同じ長さになるように調節する。

2

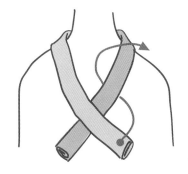

正面でひと結びする。

Point

前にたらすほうが上から出ているとボリュームが出て、下から出ていると首元がスッキリした印象になります。

3

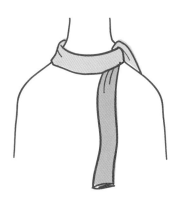

左右どちらかに結び目を移動し、先端を前後にたらす。

Arrange —————

ストンと首にかけるだけ

首にかけるだけで、細長いIラインをつくり、全身の印象をスリムに見せてくれます。首に沿う部分を、えりを立てるように高くすると引き締まった印象になります。

スカーフのサイズ
23×149cm
ポリエステル100%
スタイリスト私物

ツイストループ

●相性のよいネックライン

えり付きシャツ

クルーネック

ボートネック

Vネック

複雑に巻いているように見えますが、実際はとても簡単な巻き方です。ぐるぐると巻くので厚手の生地はあまり向いていません。先端の長さをずらしたり、結び目をセンターに配置したりと、いろいろなアレンジが楽しめます。

スカーフの結び方

1

スカーフの一方を片手で固定し、もう一方の手で、はしまでねじる（15ページ参照）。

2

両はしを合わせると、折り返しから自然とねじり合わされる。

Point

縦に数回折ってからねじっても、折らずにそのままねじってもOKです。

3

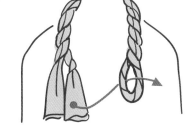

ねじりを残したまま、首にかける。折り返し部分の輪に2つの先端を通す。

4

ツイストの形を整える。結び目を好みの位置に移動する。

Arrange

2本を合わせてねじる

2本のスカーフで巻くとボリュームが出て華やかになります。結び方は、2本をそれぞれねじり、さらに2本をねじり合わせます。自然とねじり合わされるまで巻いて、1本のときと同様に、できた輪にすべての先端を通します。

花柄スカーフのサイズ
50×140cm
ポリエステル100％
スタイリスト私物

黄のスカーフのサイズ
37×135cm
シルク100％
スタイリスト私物

プリーツリボン

●相性のよいネックライン

えりなし
ジャケット

クルーネック

スクエアネック

Vネック

スカーフのサイズ　28×123cm
シルク100%　スタイリスト私物

プリーツ折りでつくったリボンがきれいに広がって、顔の近くにアクセントができる結び方です。首元をすっきり見せたいときはリボンの輪を小さくまとめます。やわらかい素材なら先端に長短をつけて、大人っぽく仕上げてもいいでしょう。

スカーフの結び方

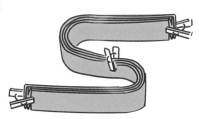

縦にプリーツ折り（17ページ参照）にしたスカーフの両はしと中心をピンチでとめる。

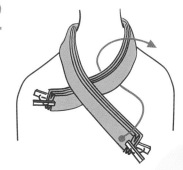

首にかけ、上に重ねるほうを少し長めに交差させ、下からくぐらせてひと結びする。

Point

結んでいるあいだにくずれやすいので、初心者はピンチを細かくとめるのがおすすめです。

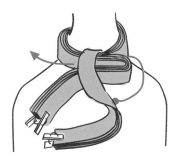

下から出ているほうで輪をつくって反対側に向け、上から出ているほうをかぶせるようにしてリボン結びにする。

ピンチをはずしてリボンの形を整える。結び目を好みの位置に移動する。

Arrange

4つ折りで結ぶ

フワフワしたやわらかな素材や張りのある生地なら、4つ折り（16ページ参照）でリボン結びをしたほうがリボンの形がきれいになります。

スカーフのサイズ
43×160cm

シルク100％
フィオリトゥーラ
ジョヴァンナ
（オーロラ株式会社）

フェアリーテイル

●相性のよいネックライン

えりなし
ジャケット

クルーネック

スクエアネック

Vネック

スカーフのサイズ　34×167㎝
キュプラ100%　スタイリスト私物

　3段になったスカーフが、大人っぽさを演出してくれるフェアリーテイル。ツルツルした素材だと解けやすいので、注意が必要です。マフラーでも同様に巻くことができます。首に巻いた部分がゆるくなりすぎないよう、鏡を見ながらバランスを整えましょう。

スカーフの結び方

1

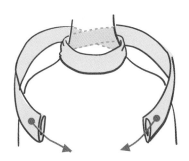

縦3分の1に折ったスカーフの中心を首の正面にあてて、両はしを後ろで交差させて前にたらす。

2

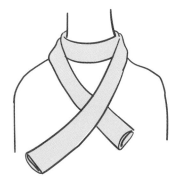

片方を少し長めに調節し、短いほうに重ねる。

3

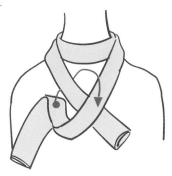

長いほうで輪をつくり、短いほうの下から通す。

4

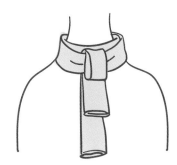

輪をたらして形を整える。

Arrange

フリルのスカーフも大人っぽくなる

ストレートなラインができ上がるので、縁がフリル状になったかわいらしいデザインのものでも、大人っぽく仕上がります。

スカーフのサイズ
25×160cm

シルク100%
フィオリトゥーラ
ジョヴァンナ
（オーロラ株式会社）

ツイストタイ

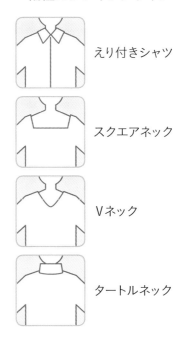

●相性のよいネックライン

えり付きシャツ

スクエアネック

Vネック

タートルネック

スカーフのサイズ　44×148cm
シルク100%　スタイリスト私物

ゆるめのツイストが女性らしく見せてくれる巻き方。きつくねじって結び目を小さくするとネクタイ風に、ルーズに巻いて結び目を大きくするとカジュアルな雰囲気になります。えり付きのトップスに合わせるときは、首に2回巻いてタイを短くしてもOKです。

スカーフの結び方

1

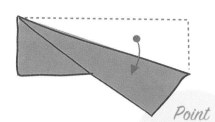

スカーフを対角線に折る。

Point

ねじる前に対角線
に折ることで、先
端が剣先スカーフ
のようになります。

2

全体の長さ4分の1ぐらいの位置で結び目
をつくり、もう一方のはしからねじる。

3

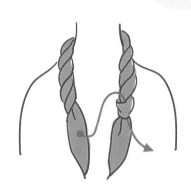

首にかけて、結び目のない先端を、結び目
の上から通す。

4

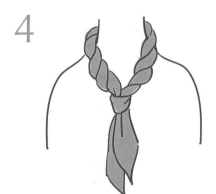

結び目をしめて、形を整える。

Arrange

4つ折りで結ぶ

細くねじらずに、4つ折り(16ページ
参照)にして結ぶとボリュームが出て、
えり付きのトップスと合わせやすくな
ります。ウール素材など、厚めの生地
ならばコートに合わせてもOKです。

スカーフのサイズ
82×155cm
シルク100%
スタイリスト私物

二重巻き

スカーフのサイズ　40×140cm
シルク100%
ニーシャ・クロスランド（ムーンバットお客様相談室）

●相性のよいネックライン

えり付きシャツ

クルーネック

Vネック

ふだん使いからパーティーシーンまで幅広く活躍する巻き方です。先の細い剣先タイプやプリーツ状のものなど、変形のスカーフもこの巻き方なら簡単です。とても長いスカーフの場合には、3重巻きにしてもよいでしょう。

スカーフの結び方

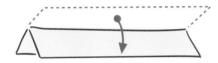

1

縦に、2分の1〜3分の1幅に折る。

2

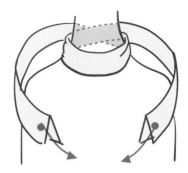

中心を首にあてて、後ろで交差させて前にたらす。

3

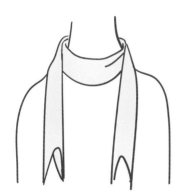

首元と先端の形を整える。

Point

首に巻く幅はトップスに合わせて調整しましょう。

Arrange ―――――――――――――

後ろにたらす

2つの先端を後ろにたらす方法もあります。背中が広く見えるトップスや後ろ姿に印象を与えたいときにおすすめです。

スカーフのサイズ
40×150cm
シルク100%
Koma

お手入れのコツ

スカーフ、ストール、マフラーにシミがついたら、時間を置かずに対処しましょう。
洗い方ですが、絹(シルク)スカーフは基本的にドライクリーニングに出します。
洗濯が可能なマークがついているスカーフは、手洗いにトライしてもいいでしょう。

シミの落とし方

シミは水溶性か油性かで対処法が変わります。外出先で汚れたらすぐに応急処置を。シミを落とすときに生地がいたむ可能性もあるので、早めにクリーニングに出すのがおすすめです。

● 水溶性のシミ

しょうゆ、ソース、コーヒー、お茶、ジュース、水性インク、血液など

外出での応急処置
すぐに汚れをティッシュかハンカチで吸いとる。汚れの面に清潔なタオルかティッシュをあてて、裏からおしぼりなどでたたく。

自宅での処置
清潔なタオルの上にシミの部分を下にして置き、水を含ませた布か綿棒で上からたたく。汚れが落ちないときは、中性洗剤を薄めたものをつけてたたく。最後に水をもう一度つけてたたく。

● 油性のシミ

カレー、トマトソース、クリーム、油、口紅、ファンデーションなど

外出での応急処置
ティッシュかハンカチで表面の汚れをつまみとる。こすったりもんだりするのはNG。

自宅での処置
清潔なタオルの上にシミの部分を下にして置き、ベンジンを含ませた布か綿棒で上からやさしくたたく。最後に水をもう一度つけてたたく。
※ベンジン使用時は火気厳禁です。必ず換気を行いましょう。

手洗い方法

スカーフ、ストール、マフラーは基本的にクリーニングに出すのがおすすめですが、洗濯可能なマークがついているものはおしゃれ着用洗剤で手洗いしてもいいでしょう。

1 おしゃれ着用洗剤の原液を白い布につけ、スカーフの目だたないところをたたく。色落ちしたら、クリーニングに出す。

2 30℃以下の水に使用量の目安に合った洗剤を洗い桶(もしくは洗面台のボウル)に溶かし、スカーフをひたす。洗い桶の中で、スカーフの両はしをつまみ、素早く振るように洗う。

3 洗い桶にきれいな水をはり、**2**と同じ要領ですすぐ。水をかえて、もう1〜2回しっかりすすぐ。

4 手で軽く押さえて水けを切ったあと、バスタオルにはさんで水分を吸いとる。

5 生乾きのうちに、裏面から中温のドライ設定でアイロンがけをする(スカーフの場合、縁の丸みはつぶさないこと)。

6 陰干しをする。

Part 4

ストール&マフラーの巻き方

首元を寒さや風から守ってくれるストール&マフラー。
手持ちの服が少なくても巻き方を変えれば、
違う印象を与えることができます。
無地と柄もの、どちらも持っていると便利です。

シンプルクロス

●相性のよいネックライン

えり付き
ジャケット

クルーネック

Vネック

タートルネック

マフラーのサイズ　30×190cm
カシミヤ100%
フェリーチェ・レガーロ(インターモード川辺)

マフラーを首に半周巻くだけのシンプルな巻き方です。首元にボリ
ュームのある服とも相性がいいです。両はしが長くなるので、ロン
グ丈のパンツやスカートと合わせて縦長効果を出すと、よりスタイ
ルアップして見せることができます。

ストール&マフラーの巻き方

1

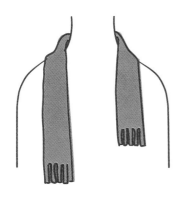

適度な幅に折ったマフラー（ストール）を、
一方が長くなるよう、首にかける。

2

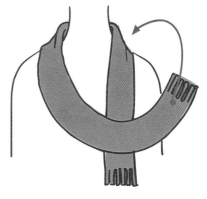

長いほうを反対側の肩にかける。

3

形を整える。

Point

かわいらしさを演出したいときは、首にあたっている部分をふくらませるように整えましょう。

Arrange

2本を合わせて巻く

このシンプルな巻き方なら、2本いっしょに巻いてもおしゃれです。夏向きのレースのストールも、厚めの無地のストールと合わせて巻けば、冬にも使えます。

グレーのストールのサイズ
80×185cm
カシミヤ100%
ルナルーチェ リット
（ムーンバットお客様相談室）

レースストールのサイズ
60×180cm
コットン60% シルク40%
レース部分ナイロン100%
ルナルーチェ チャンドゥニ
（ムーンバットお客様相談室）

二重巻き

● 相性のよいネックライン

えり付き
ジャケット

クルーネック

タートルネック

メンズ
ジャケット

ストールのサイズ　60×190cm
カシミヤ100%
フェリーチェ・レガーロ（インターモード川辺）

別名エディター巻きとも呼ばれています。ストールの両方の先端が
前にたれるので、いったん巻くとずれにくいため、通勤中に役立つ
巻き方です。片手でストールの角を持って、たらし、対角線上で縦
長にしてから巻くとヌケ感が出ます。

ストール&マフラーの巻き方

1

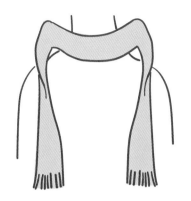

適当な幅に折ったストール（マフラー）
の中心を、首正面にあてる。

2

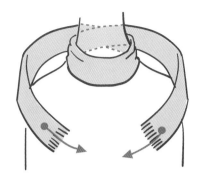

後ろで交差させて、両方の先端を前に
たらす。

3

首元と先端の形を整える。

Point

先端の長さに長短をつ
けてラフな雰囲気を出
すのもいいでしょう。

Arrange ─────────────

さらにワンクロスする

２重巻きにしてから、さらにワ
ンクロスするアレンジ法もあり
ます。結び方は、２重巻きが完
成したあと、左右の先端をひと
結びし、好みの位置に結び目を
移動します。

ストールのサイズ　70×190cm
ウール100%　イヌイ エディションズ（ストックマン）

ひと結びB

●相性のよいネックライン

えり付き
ジャケット

えりなし
ジャケット

えり付きシャツ

メンズ
ジャケット

ストールのサイズ　70×190㎝
カシミヤ100%
フェリーチェ・レガーロ(インターモード川辺)

基本のひと結びとは、逆かけの形です。結び目にボリュームが出る
のが特徴的。結び目の大きさで印象が変わるので、鏡を見ながらバ
ランスを整えましょう。結び目を肩にのせるようにして前後にたら
すなど、アレンジもできます。

ストール&マフラーの巻き方

1

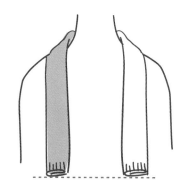

適当な幅に折ったマフラー(ストール)を、
左右同じ大きさになるよう、首にかける。

2

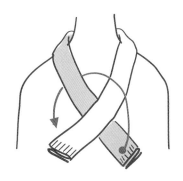

正面で交差させ、下から出ているほうを上
へ持っていき、できた輪に通す。

3

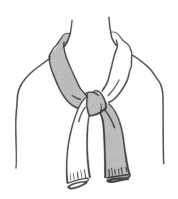

形を整える。

Point

首にぴったり巻くとボ
リュームが顔の近くに
出るため、ゆったり巻
くのがおすすめです。

Arrange

基本のひと結びでスッキリと

スッキリとアスコットタイ風に見せたい
場合は、基本のひと結び(18ページ参照)
で結びます。結び目は正面のままでもい
いですし、左右どちらかに移動し、先端
を前後にたらしてもOKです。

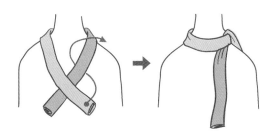

ダブルクロス

●相性のよいネックライン

えり付き
ジャケット

クルーネック

Ｖネック

タートルネック

ストールのサイズ　90×200cm
ウール100%
エビス（エビス 青山）

首元に複雑なラインができる結び方で、形が崩れにくいのがポイント。Ｖゾーンを華やかにできるうえに、温かさもキープできるのでとても寒い日におすすめです。ゆるく巻いたり、左右の長さに差をつけたりすると、女性らしさを演出できます。

ストール＆マフラーの巻き方

1

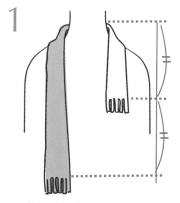

適当な幅に折ったマフラー
（ストール）を、一方が長く
なるよう、首にかける。

2

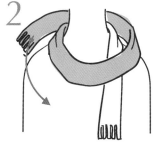

長いほうを、首に1回巻く。

3

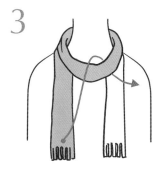

巻いたほうの先端を、首元
の輪にたるませるようにし
てかける。

4

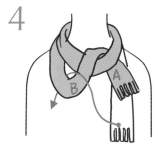

巻かなかったほうの先端を、
Aの下からくぐらせて、B
の輪の上から通す。

5

全体の形を整える。

Point

プロセス2、3とも、
生地にゆとりをもた
せて、輪をつくるこ
とが大切です。

Arrange

結び方の最後を少し変えて

折った幅をつぶさないように、てい
ねいに巻き、ドレープやシワをおさ
える巻き方もあります。プロセス4
で、長いほうの先端をAの上を通過
し、Bの輪の下から通します。Bの
輪を肩にかぶせるように広げて、バ
ランスを整えます。

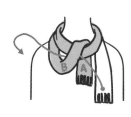

ストールのサイズ
70×180cm
ウール75%
カシミヤ25%
エピス（エピス 青山）

セーラー結び

えり付き
ジャケット

えりなし
ジャケット

タートルネック

● 相性のよいネックライン

ストールのサイズ　120×120㎝
ウール60％ シルク40％
マニプリ

正方形ストールの基本の巻き方であるセーラー結び。結び目の位置
で印象が変わりますが、バストの位置から下にさげないほうがきれ
いにおさまります。二の腕を広くおおうので防寒力が高く、厚手の
生地ならアウターのかわりにもなります。

ストール&マフラーの巻き方

1

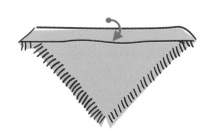

正方形のストールを、三角折り
(15ページ参照)にして、底辺を少
し折る。

2

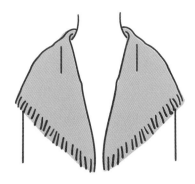

折った部分を内側にして首にかけ、
左右が同じ長さになるよう、調節
する。

3

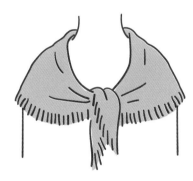

結び目の高さを決め、ひと結びし、
形を整える。

Point

先端を左右に分かれたま
まにしておくとほどけや
すいので、前後に重ねる
ように整えましょう。

Arrange

固結びでとめる

最後を固結びにするとしっかり
固定されます。柄を広く見せた
いときは、結び目を少し横に移
動してもいいでしょう。

ストールのサイズ
100×200cm
カシミヤ100%
Koma

ダブルトライアングルショルダー

● 相性のよいネックライン

えり付き
ジャケット

クルーネック

タートルネック

ストールのサイズ　50×190cm
カシミヤ100%
フェリーチェ・レガーロ（インターモード川辺）
クリップ　スタイリスト私物

前後にななめのラインができる巻き方。三角形のアシンメトリーで、
上半身が細く見える効果も。最後はブローチやスカーフクリップ、
スカーフリングでとめるので、ストールと相性がいいカラーのアイ
テムを用意しましょう。

ストール＆マフラーの巻き方

1

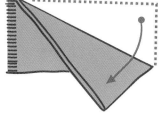

長方形のストールの長辺を半分に
折る。対角線で折る。

2

対角線になっている部分を肩にかけ
る。折り線の角に、先端を重ねる。

3

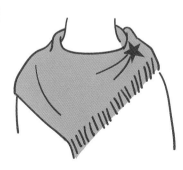

重ねた先端をブローチなどで固定し、
ドレープをつくる。

Point

フリンジのあるストー
ルは、前後どちらにフ
リンジをたらすか考え
て肩にかけましょう。

Arrange

ひと結びでとめる

カジュアルシーンならブローチは使わずに結
んでとめてOKです。ひと結びや固結びにす
ることで首の近くにドレープが寄るので、首
元はシンプルなトップスがおすすめです。

ストールのサイズ
80×180cm
カシミヤ100％
フェリーチェ・レガーロ
（インターモード川辺）

ショルダードレープ

● 相性のよいネックライン

えり付き
ジャケット

クルーネック

タートルネック

ストールのサイズ　60×190cm
カシミヤ100%
ナチュラル・ベーシック(インターモード川辺)

長方形ストールの定番の巻き方。とても温かくなるので、体が冷え
たらこの巻き方に変えるのがおすすめです。シンプルな巻き方なの
で、ファー付きストールやボンボン付きなど、こったデザインのも
のと相性バツグンです。

ストール＆マフラーの巻き方

1
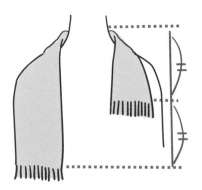

長方形のストールを、左右2対1の
長さになるよう、肩にかける。

2
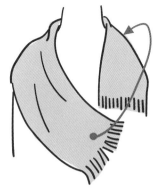

長いほうの先端を、もう一方の肩に
かける。

3

ドレープの形を整える。

Point

ドレープの形で印象をだ
いぶ左右するので、ネッ
クラインをゆったり見せ
るか、狭く見せるか、バ
ランスを考えましょう。

Arrange

正面を2重にする

正面を2重にして、ケープのよ
うに見せることもできます。巻
き方は、左右同じ長さになるよ
うに肩にかけ、一方を反対側の
肩にかけ、もう一方を反対側の
肩にかけます。

ストールのサイズ
100×200cm
カシミヤ100%
プラカシュ
（インターモード川辺）

8の字巻き

● 相性のよいネックライン

えり付き
ジャケット

えり付きシャツ

クルーネック

ストールのサイズ　75×190cm
カシミヤ100%
プラカシュ(インターモード川辺)

スヌード風に見える8の字巻き。ほどける心配も少なく、首元が温かいので実用的に使える巻き方です。買いものや散歩のときなど、両手を使いたいときに便利。巻き方はカンタンなのに胸元にドレープが寄って、女性らしい雰囲気を出すことができます。

ストール&マフラーの巻き方

1

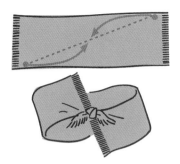

対角線の一対の角を固結びする。

2

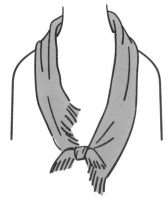

輪を頭に通し、結び目が前にくる
ように首にかける。

Point
ストールのはしが
見えないように折
りこむときれいに
見えます。

3

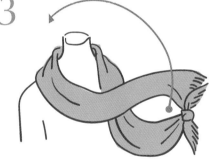

8の字にねじり、結び目を後ろに
くるよう、輪を頭に通す。

4

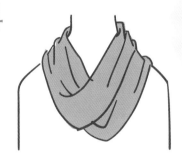

結び目を内側に入れこみ、正面の
ドレープの形を整える。

Arrange

グラデーションを生かす

グラデーションの柄のストールを使うと、
動きが出て軽やかな印象になります。また
8の字にねじるときに反対側にねじる
だけでも違うカラーが出てきたり、さま
ざまな表情を楽しむことができます。

ストールのサイズ
50×182cm
ポリエステル100%
AVALON
（ベルメゾンコールセンター）

ワンループ

●相性のよいネックライン

えり付き
ジャケット

Vネック

タートルネック

メンズ
ジャケット

ストールのサイズ　65×178cm
ウール100%　オットダム（ストックマン）

しっかりとまり、先端が長く残らないのでアクティブに動きたい日におすすめです。コートの内側にも外側にも合ううえに、カンタンに巻けるので、覚えておくと便利な結び方です。薄手の生地なら、ねじってからワンループにしてもいいでしょう。

ストール＆マフラーの巻き方

1

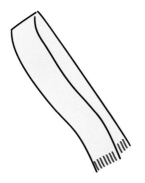

適当な幅に折ったマフラー
（ストール）を半分に折る。

2

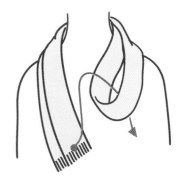

首にかけ、先端を輪に通す。

3

形を整える。

Point

輪の形がゆがまない
よう、先端を引っ張
りすぎないようにし
ましょう。

Arrange

折らずにルーズに使う

縦に折らずに、対角線で横長に持っ
た長方形ストールをくしゅっとして
から巻くと、ルーズな雰囲気を出す
ことができます。

ストールのサイズ
70×200cm
ウール50％
カシミヤ50％
エピス（エピス 青山）

バタフライ巻き

● 相性のよいネックライン

えりなし
ジャケット

クルーネック

タートルネック

ストールのサイズ　80×170㎝
シルク60%　ウール40%　Koma

ストールの両面があらわれるので、個性的なファッションに見える
巻き方です。ジャケットの中に着るとドレープのあるブラウスのよ
うに見えます。複雑に見える巻き方なので、シンプルなトップスに
合わせるのがおすすめです。

ストール&マフラーの巻き方

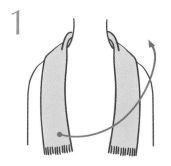

1

長方形ストールをふわりと持ち、そのまま首にかけ、左右が同じ長さになるように調節する。

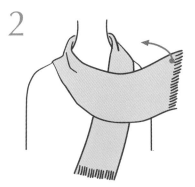

2

一方の表を裏返し(ひるがえし)ながら、反対側の肩に持っていく。

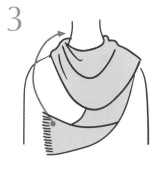

3

もう一方のたれている部分は表にしたまま、反対側の肩に持っていく。

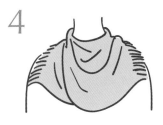

4

両方の先端を首の後ろで固結びにする。

後ろ

Point

左右のボトムのラインは、同じ高さになるようにそろえます。

Arrange

首元を広げて印象を変える

首元を広げて、ななめにズラすとより個性的な雰囲気に変化します。巻き方は、バタフライ巻きを完成させたあと、首元を広げる。正面をななめ約45度ズラし、形を整えます。

ストールのサイズ
70×190cm
テンセル75％ シルク25％
シーバイクロエ
(ムーンバットお客様相談室)

ミラノ巻き

ストールのサイズ　65×180cm
ポリエステル100%
スタイリスト私物

● 相性のよいネックライン

えり付き
ジャケット

クルーネック

Vネック

タートルネック

見た目は、ダブルクロスとよく似ているミラノ巻き。ダブルクロスよりも少し縦長に収まります。複雑な巻き方に見えますが、慣れてしまうと短時間で巻くことができます。左右の長さに差をつけたり、先端を広げるなど、さまざまなアレンジも楽しめます。

ストール&マフラーの巻き方

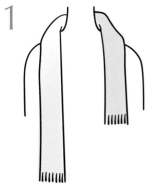

1

適当な幅に折ったストール(マフラー)を、一方が長くなるように首にかける。

2

長いほう(イラストではイエロー)を、首に1回ゆるめに巻きつける。

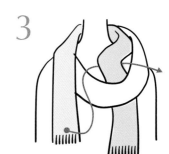

3

輪の内側から、巻いていないほう(イラストではブルー)の根元を少し上に引き出す。

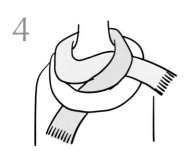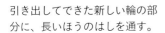

4

引き出してできた新しい輪の部分に、長いほうのはしを通す。

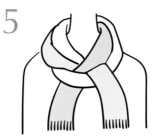

5

形を整える。

Point

プロセス3で、もうひとつの輪をつくるとき、最初の輪より小さくすることがポイントです。

Mini Column

タグの扱い方

スカーフのタグがジャマなときは切りとってもOKです。ただし、クリーニングに出すときに必要なので必ず保存しておきましょう。切り方は、縫い目から少し離れたところで切ります。色が目立たなければそのままにしていいでしょう。

シルクスカーフの保管方法

素材がシルクの場合、直射日光は変色の原因になるので保管場所には気をつけましょう。蛍光灯も同様です。無臭の防腐剤と一緒に、湿気の少ない場所に保管すると安心です。

撮影協力店リスト

インターモード川辺	☏0120-077-927
エビス 青山	☏03-6427-2385
オーロラ株式会社	☏0120-527-559
Koma	http://koma-aoyama.jp
株式会社ストックマン	☏03-3796-6851
ベルメゾンコールセンター	☏0120-11-1000
マニプリ	https://manipuri.jp
ムーンバットお客様相談室	☏03-3556-6810

スタッフ

ブックデザイン	tabby design
撮影	菅井淳子
イラスト	関根庸子
スタイリング	近藤さやか
編集	石橋美樹

監修

鈴木香穂里（すずき・かおり）
一般社団法人国際スタイリングカウンセラー協会
スタイリングカウンセラー®インストラクター・カラリスト
カラリスト歴25年。色を軸にファッションからインテリアまで、ライフスタイルの提案や講座を開催。スカーフを身につけるのが大好きだった母の影響で、スカーフの巻き方・結び方に興味をもつようになる。折り紙のように姿が変わるスカーフを多くの人に楽しんでいただきたいという思いで、国際スタイリングカウンセラー協会スカーフストールスタイリスト®インストラクターとして活動中。

スカーフ、ストール、マフラーの巻き方

発行日	2021年10月10日	第1版第1刷

監　修　鈴木　香穂里

発行者　斉藤　和邦
発行所　株式会社　秀和システム
　　　　〒135-0016
　　　　東京都江東区東陽2-4-2　新宮ビル2F
　　　　Tel 03-6264-3105（販売）Fax 03-6264-3094
印刷所　三松堂印刷株式会社　　　Printed in Japan

ISBN978-4-7980-6570-0 C2077